Lo que todo autor debe conocer al escribir su obra

Una monografía sobre derechos de autor, propiedad intelectual y plagio

Alanis Whitaker

Título original: Lo que todo autor debe conocer al escribir su obra

Editor: Alanis Whitaker

Reservados todos los derechos. Queda prohibida la reproducción parcial o total de esta obra por cualquier medio o procedimiento, incluidos la fotografía y el tratamiento informático, así como la distribución de ejemplares mediante alquiler o préstamo público, sin la autorización escrita de los titulares del copyright y bajo las leyes y sanciones establecidas del Estado.

Copyright © 2013

Dedicatoria

Este libro está dedicado a todas aquellas personas que se han esforzado para lograr superarse en la vida. A aquellas personas que han sentido la inquietud y la inspiración de dejar mover sus manos sobre papel y tinta y expresar de forma creativa un mar de ideas. Este libro provee detalles que le brindarán seguridad y confianza en el trabajo que realizan. Para ustedes es esta obra.

Agradecimientos

Agradezco al máximo Creador y autor de todo lo que existe en la Tierra, a Dios, ya que fue Él quien primeramente mostró toda sabiduría sobre las cosas hechas y puso leyes en los cielos y en la tierra. Sin Dios nada sería posible. También agradezco a mi familia por brindarme el tiempo de poder escribir este libro.

Prólogo

¿Eres un autor o escritor? ¿Te consideras un aspirante a serlo? El libro que tienes en tus manos, en esencia, es parte de una muy completa monografía que tiene un fin educativo y orientativo sobre el tema derechos de autor, propiedad intelectual y plagio. Como autores tenemos la responsabilidad de presentarle a nuestros lectores un trabajo que esté basado en ideas originales y creativas que sean de nuestra propiedad y no una burla a la inteligencia de otras personas que se esforzaron por realizar sus trabajos. Este libro es una guía que sirve de luz en el camino del escritor para poder ayudar a conocer sobre el terreno legal en la creación de las obras. ¿Por qué es necesario conocer estos detalles? Estos detalles son necesarios conocerlos a fondo por el simple hecho de la realidad legal que domina los distintos países y que existe con el propósito de preservar un orden, una seguridad en todo lo que el ser humano hace y se debe velar por nuestros derechos como por los derechos de los demás. Conocer esta información nos puede servir hoy de librarnos de dolores de cabeza en el mañana.

El mundo moderno con sus grandes adelantos tecnológicos hacen posible el que toda información sea publicada sin fronteras. Al alcance de un 'clic' podemos acceder a innumerables textos los cuales para algunos les resulta muy fácil 'copiar y pegar' y almacenar de una forma u otra en diferentes lugares. El dilema surge cuando la gente opta por tomar como suyo lo que en realidad fue inspiración de otros. Si bien la tecnología representa un gran avance, también puede ser mal usada por personas inescrupulosas y sin conciencia alguna. Es por esto que las leyes de los países han procurado crear un orden en la forma en cómo se administra toda información y las obras de autores y artistas. Es nuestro deseo que este libro pueda ser orientativo e ilustrativo para promover el trabajo original e inteligente de aquellos que optan por plasmar en letras sus ideas.

Índice

Monografía sobre derechos de autor, propiedad intelectual y plagio..................................9

Introducción...10

Definiciones..15

   Derechos de autor...............................15

   Propiedad Intelectual..........................18

   Plagio...22

Antecedentes históricos...........................29

Casos famosos que causaron la implantación de leyes sobre derechos de autor, propiedad intelectual y plagio................................32

Leyes de otros países sobre derechos de autor, propiedad intelectual y plagios..................47

Leyes de Puerto Rico sobre derechos de autor, propiedad intelectual y plagios..................62

Que dicen las leyes de derechos de autor, propiedad intelectual y plagio sobre el uso educativo..67

Conclusión..78

Referencias (estilo APA)..............…………... 86

Monografía sobre derechos de autor, propiedad intelectual y plagio

Introducción

Este trabajo tiene como propósito realizar una investigación acerca de los derechos de autor, la propiedad intelectual y el plagio. Esta temática es de suma importancia para la comunidad académica y en especial para aquellos que tienen como meta adentrarse en la profesión de la enseñanza. Es transcendental conocer el uso adecuado de los textos y las obras artísticas que están a nuestro alcance de manera inmensurable, en esta era de globalización y avance tecnológico. Es imprescindible conocer las leyes y lo que éstas estipulan con respecto a los derechos de autor, la propiedad intelectual y el plagio. Como graduada en el área de artes y ciencias, en específico en literatura en Inglés, siempre me ha sido sumamente necesario el citar las fuentes utilizadas en mis escritos de forma específica y veraz, puesto que la utilización adecuada de citas y referencias provee a los escritos de credibilidad ética y profesional. La creatividad artística y cultural son esenciales al crecimiento de la sociedad y las personas quienes dedican su tiempo e intelecto a aportar al crecimiento de la raza humana deben ser respetados y merecen ser protegidos bajo leyes que cobijen sus derechos económicos. Igualmente deben ser protegidos sus vínculos intelectuales a sus obras, más allá de lo monetario. El plagio es una acción deshonesta que demuestra falta de creatividad e integridad y en muchos países es un crimen condenado por ley.

Mediante este trabajo estaré dando varias definiciones de lo que son los derechos de autor, la propiedad intelectual y el plagio. Al mismo tiempo estaré contrastando y comparando las mismas, a fin de lograr una mayor comprensión de estos términos. Estaré mencionando los antecedentes históricos de las leyes de derechos de autor y propiedad intelectual y citando algunos casos famosos de plagio que fueron llevados ante la ley. Mencionare varias leyes de otros países con respecto a los derechos de autor y propiedad intelectual. Discutiré las dos principales leyes bajos las cuales están cobijados los derechos de autor en Puerto Rico. Además explicaré que dice la Ley Federal de Derechos de Autor de Estados Unidos (Copyright Act of 1976) y lo establecido en la Convención de Berna (1988) con respecto al uso educativo de obras registradas. Todo lo dicho, a fin de dilucidar la importancia y el valor que tienen en la sociedad y en el ámbito profesional y académico los derechos de autor, la propiedad intelectual y la falta de ética, que es el plagio.

Definiciones

Derechos de autor

El derecho de autor se puede definir como los derechos bajo la ley que protegen un autor con respecto a su creación artística. El derecho de autor envuelve dos derechos; el derecho moral y el derecho patrimonial. El derecho moral protege el lazo entre el autor y su obra; y el derecho patrimonial envuelve el aspecto económico de venta y distribución. En Puerto Rico los derechos de autor están incluidos como parte de la propiedad intelectual. Cualquier violación a los derechos de autor bajo *Ley de Derechos Morales de Autor de Puerto Rico, Ley Núm. 55 de 2012* y *La Ley Federal de Copyright* (1776) es considerado plagio, o sea robo intelectual y es sancionado por ley.

1. Según la Organización Mundial de la Propiedad Intelectual:

    El derecho de autor es un término jurídico que describe los derechos concedidos a los creadores por sus obras literarias y artísticas. Incluye: obras literarias como novelas, poemas, obras de teatro, documentos de referencia, periódicos y programas informáticos; bases de datos; películas, composiciones musicales y coreografías; obras artísticas como pinturas, dibujos, fotografías y escultura; obras arquitectónicas; publicidad, mapas y dibujos técnicos (sitio web de la OMPI).

2. "Los derechos de autor constituyen uno de los principales derechos de propiedad intelectual, cuyo objetivo es dar

solución a una serie de conflictos de intereses que nacen entre los autores de las creaciones intelectuales, los editores y demás intermediarios que las distribuyen y el público que las consume" (Bondía, 1988).

Propiedad Intelectual

La propiedad intelectual es un derecho bajo la ley, que concede exclusividad de explotación económica de una obra a su autor por un tiempo explícito. La propiedad intelectual engloba los derechos del autor de provecho económico sobre su obra, a diferencia de los derechos de autor, la propiedad intelectual no necesariamente trata la relación personal de expresión entre el autor y su obra. En Puerto Rico la ley de propiedad intelectual incluye los derechos de autor; como la interacción entre los derechos patrimoniales reconocidos en la propiedad intelectual y los derechos morales del autor (reconociendo la obra como producto de la inteligencia del autor).

1. Según Martinez, (1999):

> La propiedad intelectual de una obra literaria, artística o

científica corresponde al autor por el sólo hecho de crearla. Se considera autor a la persona natural que crea alguna obra artística, científica o literaria. Se presumirá autor, salvo prueba de lo contrario, a quien aparezca como tal en la obra, mediante su nombre, firma o signo que lo identifique. Cuando la obra se divulgue en forma anónima o bajo seudónimo o signo, el ejercicio de los derechos de propiedad intelectual corresponderá a la persona natural o jurídica que la saque a la luz con el consentimiento del autor, mientras éste no revele su identidad. La divulgación de una obra es toda expresión de la misma que, con el consentimiento del autor, la haga accesible por primera vez al público en cualquier forma.

2. "El concepto propiedad intelectual se utiliza para denominar el derecho de propiedad que se genera sobre los

productos de la creatividad humana"
(Universidad de Guadalajara, 2008)

Plagio

El plagio es el fraude de la propiedad intelectual, y puede ser considerado un crimen, ya que en Estados Unidos (cuya ley federal cobija a Puerto Rico) y en muchos países los escritos están protegidos por leyes de propiedad intelectual (o copyright laws). El plagio ocurre cuando una persona utiliza los escritos o las ideas de otra persona o grupo y los presenta como propios, ya sea en su forma completa o parcialmente. En otras palabras es el uso de las ideas, palabras o la obra literaria o artística, y aun de productos sin dar el debido reconocimiento a la fuente. Es un acto deshonesto y se puede considerar uno de los aspectos negativos que surge como consecuencia del actual acceso ilimitado a la información provisto mediante las redes cibernéticas. El plagio es una violación directa a los derechos de autor y a la propiedad intelectual, derechos que están cobijados tanto por leyes locales como internacionales.

1. Girón (2008) estipula lo siguiente con respecto al plagio:

Se puede cometer plagio tanto de forma deliberada (intencionalmente), o de manera inconsciente (por desconocimiento apropiado del concepto o formas de prevenirlo). La siguiente es una lista de definiciones y situaciones comunes en las cuales se comete este delito.

   a. El plagio ocurre cuando se toman ideas o palabras escritas por otros sin reconocer de forma directa el haberlo hecho.

b. Se produce también al presentar como propio un trabajo de forma parcial o total sin ser el autor o autora de dicho trabajo.

c. Al actuar de mala fe deliberadamente al copiar la propiedad intelectual de otros para producir un daño a los autores originales.

d. Se considera que se comete plagio al copiar cualquier

objeto de fondo o de forma, ya sea una situación, un desarrollo o incluso una simple frase (p.6).

2. Balbuena (2003) especifica lo siguiente:

El delito del plagio atenta directamente contra los derechos de autor de una obra en particular, ya que toda obra debe poder ser distinguida de otras similares. Al cometer plagio se daña tanto los derechos morales del autor sobre su obra, ya que no se le está dando su debida acreditación y paternidad sobre la misma, y también los derechos patrimoniales o de explotación, debido a que se introduce en el mercado otra obra que copia en gran parte a la primera haciendo que ambas compitan entre sí, disminuyendo con esto la esperanza que se tiene de sacar provecho económico de la obra original.

3. "El auto-plagio se da cuando un autor copia nuevamente un trabajo que ya había realizado anteriormente o usa las mismas ideas expuestas en ese trabajo pero con distintas palabras para hacerlo parecer diferente" (Imran, 2010, p. 29).

Antecedentes históricos

Casos famosos que causaron la implantación de leyes sobre derechos de autor, propiedad intelectual y plagio

Muchos estudiosos remontan los inicios del término plagio a la cultura romana, pero en la antigüedad no existían leyes que protegieran la creatividad intelectual. La implantación de leyes sobre derechos de autor propiedad intelectual y plagio tiene sus orígenes en ley en el siglo XVIII, con el Estatuto de la Reina Ana (Ley Para el Fomento del Aprendizaje). Esta acta tenía como enfoque la ventaja en la imprenta de libros. En un principio los derechos de autor solo aplicaban a obras escritas. Las leyes de propiedad intelectual desde sus comienzos tenían a finalidad de fomentar las artes como parte esencial del crecimiento y desarrollo de la cultura, y no necesariamente cobijaban los derechos morales del autor. Con el pasar del tiempo y debido a los cambios y avances culturales de la sociedad estos derechos se han ido ampliando y aplican no solo a escritos sino a obras de arte ya sean plásticas, gráficas o musicales (entre otros); y en muchos países estos derechos también cobijan la arquitectura. En la actualidad ha sido necesario reevaluar las leyes sobre los derechos de autor y la propiedad intelectual debido al alcance inmensurable a la información como resultado de las tecnologías y la globalización. En la actualidad existen organizaciones internacionales dedicadas al fomento y la protección de los derechos de autor, tales como la WIPO. En los tratados internacionales, uno de los temas de mayor trascendencia ha sido la creación de un balance entre los derechos de autor y las necesidades educativas de acceso a la información.

Los siguientes son varios ejemplos de **casos famosos** de plagio que se decidieron en cortes, las cuales fomentaron la creación de derechos de autor y de propiedad intelectual más definidos. También aquí se incluyen fechas y eventos claves en la historia y el desarrollo de los derechos de autor y la propiedad intelectual:

1710: Estatuto de la Reina Ana (Ley Para el Fomento del Aprendizaje)

"La ley establecía que todas las obras tendrían un plazo de protección de 14 años prorrogables otros 14 si el autor continuaba vivo (máximo 28 años). Y un único plazo de 21 años para las obras impresas antes de la entrada en vigor de la ley, contando a partir de la fecha de aprobación" (Patterson, Lindberg, 1991).

1774: Donaldson v. Becket

Según L. Bently & M. Kretschmer (2001):

Este caso trataba si Alexander Donaldson, un vendedor de libros escocés quien había construido un negocio exitoso de ventas de impresos baratos de los clásicos, había incurrido en piratería. Esto cuando seis años antes había publicado una edición de The Seasons de James Thomson, una obra para la cual Thomas Becket y un grupo de vendedores de libros de Londres reclamaban derechos de publicación...Votaron a favor de Donaldson bajo el principio de que los derechos de publicación deben ser limitados en tiempo.

1787: Convención Constituyente en Filadelfia

"James Madison y Charles Cotesworth propusieron que el congreso pudiese conceder derechos de autor de duración limitada" (Bently, Kretschmer, 2001).

1787: La Constitución de Estados Unidos

De acuerdo con el Artículo I, Sección 8, Clausula 8 de la Constitución de los Estados Unidos, "el Congreso tendrá el poder para...promover el progreso de la ciencia y las artes útiles, asegurando para tiempos limitados para autores e inventores el derecho exclusive sobre sus respectivos escritos y descubrimientos" (Patterson, Lindberg, 1991).

1790: Acta de Derechos de Autor

Según Rose (1993):

> El Primer Congreso implemento la provisión de derechos de autor de la Constitución de 1790. El Acta de Derechos de Autor de 1790, Un Acta para el Fomento del Aprendizaje, así Asegurando las Copias de Mapas, Cartas, y Libros a los Autores y Dueños de Tales Copias, fue modelado por el

Estatuto de Ana (1710). Le concedía a los autores americanos el derecho a imprimir, re-imprimir, o publicar sus obras por un periodo de catorce años y a renovar por catorce años más.

1834: Wheaton v. Peters

Patterson and Lindberg, (1991) describen este caso de la siguiente manera:

> Este caso fue una disputa entre el reportero oficial de las decisiones de la Corte Suprema de Estados Unidos y Richard Peters, el reportero anterior, Henry Wheaton.

Peters publicó reportes de casos que se decidieron durante el servicio de Wheaton y este lo demando. En la Corte Suprema se decidió que dado que Wheaton no obtuvo derechos de autor propiamente por ley no podía reclamar derechos. Esto era indicativo de que los derechos de autor son concedidos de forma exclusiva por ley y por una duración limitada de tiempo.

1886: Convención de Berne

Rose (1993) provee la siguiente delineación de esta convención:

Las metas de la Convención de Berne proveyeron la base para el reconocimiento mutuo de derechos de autor entre naciones soberanas y promovía el desarrollo de normas internacionales en la protección de los derechos de autor. Las naciones europeas establecieron una ley de derechos de autor uniforme, mutuamente satisfactoria, para reemplazar la necesidad para la registración separada en cada país. Este tratado ha sido revisado cinco veces desde el 1886.

1976: Revisión de los Derechos del Acta de Derechos de Autor

Patterson and Lindberg, (1991) señalan que:

La revisión del 1976 tuvo lugar por dos grandes razones. Primero, los avances tecnológicos y el impacto de estos en lo que pudiera ser cobijado bajo los derechos de autor, como los trabajos pudieran ser copiado, y que constituía un infracción debía ser tratado. Segundo, la revisión ser dio en como anticipo de la adherencia de Estados Unidos a la Convención de Berne. Sentían que el estatuto necesitaba ser enmendado para que el país estuviera en acuerdo con la ley internacional de derechos de autor, sus prácticas y políticas.

1976: Directrices Del Aula

"Estas directrices no eran parte del estatuto…pero tuvieron el propósito de "establecer el mínima y no el máximo de los estándares del uso justo bajo la sección 107 del Acta de Derechos de Autor de 1976" (Samuels, 2000).

1976: Proceso CONTU

"La Comisión Nacional sobre Nuevos Usos Tecnológicos de Obras Registradas (CONTU por sus siglas en inglés) fue asignado por el congreso la labor de establecer las directrices de los "estándares mínimos del uso justo en la educación" (Patterson, Lindberg, 1991) bajo el Acta de 1976. Directrices fueron establecidas para la copia de préstamos entre bibliotecas.

1986: Maxtone-Graham v. Burtchaell

Rose (1993) describe el siguiente caso legal de supuesto plagio:

Maxtone-Graham escribió un libro que contenía historias de embarazos no deseados y aborto en 1973. Le denegó a Burtchaell su pedido de utilizar partes de sus entrevistas ya publicadas. Él las publicó de todos modos. Dado que Burtchaell solo citó un 4.3% de su obra la corte encontró que su uso de la narrativa era uso justo.

1988: Convención de Berne

Samuels (2000) indica:

Los Estados Unidos de América se convirtieron en afiliados a Berne en

1988. Los grandes cambios que surgieron como resultado lo fueron: mayores protecciones para propietarios, nuevas relaciones de derechos de autor con veinticuatro países, y la eliminación del requerimiento de notificación de registro para la protección bajo derechos de autor.

1994: CONFU

Se estableció en Septiembre de 1994 que CONFU era el lugar para una discusión de los asuntos del uso justo en el ambiente electrónico (Lehman, 1997).

1996: Organización Mundial de la Propiedad Intelectual (W.I.P.O.)

Según la Organización Mundial de la Propiedad Intelectual:

Delegados de 160 países consideraron dos tratados sobre la ley internacional de la propiedad intelectual durante una Conferencia Diplomática en diciembre de 1996 en Geneva. Los delegados adoptaron nuevas versiones de tratados propuestos resultando en una nueva forma de abarcar asuntos de derechos de autor. El lenguaje del tratado enfatizaba "la necesidad para mantener un balance entre los derechos de autores y el interés del público general, en particular la educación, la investigación y el acceso a la información."

Leyes de otros países sobre derechos de autor, propiedad intelectual y plagio

Los derechos de autor, de propiedad intelectual y plagio de los distintos países definen quien es un autor y los derechos que les cobijan tanto a ellos como autores y a sus obras. No solo esto sino que en varios países y en las leyes internacionales se estipulan los derechos aun de los herederos de los autores de las obras registradas y protegidas bajo dichas leyes. Estos derechos también definen para cada país lo que se considera una obra y los parámetros que indican la violación de estas leyes, o sea las pautas para determinar si se ha incurrido en plagio. La *United Nations Educational, Scientific and Cultural Organization* (*UNESCO*) especifica los detalles de las siguientes leyes internacionales:

Ley de Derecho de Autor de Francia

Ley Numero 85-660 del 3 de julio de 1985 sobre el derecho de autor y derechos de los artistas intérpretes, productores de fonogramas y videogramas y empresas de comunicaciones audiovisuales

El derecho de autor francés se define en el Código de la Propiedad Intelectual, que implementa la ley de derechos de autor europeas (directivas). A menos que se indique lo contrario, las referencias a artículos individuales son para el Código de la Propiedad Intelectual. Dos conjuntos de derechos son definidos:

- Los derechos de propiedad (droits patrimoniaux)
- Los derechos morales (droits moraux) (Organización Mundial de Propiedad Intelectual)

Ley de Propiedad Intelectual de Argentina

Ley 11.723, Artículo 5

La propiedad intelectual sobre sus obras corresponde a los autores durante su vida y a sus herederos o derechohabientes hasta setenta años contados a partir del 1º de enero del año siguiente al de la muerte del autor. En los casos de obras en colaboración, este término comenzará a contarse desde el 1º de enero del año siguiente al de la muerte del último colaborador. Para las obras póstumas, el término de setenta años comenzará a correr a partir del 1º de enero del año siguiente al de la muerte de autor. En caso de que un autor falleciera sin dejar herederos o derechohabientes, y se declarase vacante su herencia, los derechos que a aquél correspondiesen sobre sus obras pasarán al Estado por todo el término de ley, sin perjuicios de los derechos de terceros (texto según la ley 24.870) (Organización Mundial de Propiedad Intelectual).

Ley de Derechos Patrimoniales del Autor de la República Federativa de Brasil

Ley Número 9.610 del 19 de febrero de 1998

Artículo 41: Los derechos patrimoniales del autor duran por setenta años contados a partir del 1° de enero del año siguiente al de su fallecimiento, obedecido el orden sucesorio de la ley civil (Organización Mundial de Propiedad Intelectual)

Ley de Derechos de Autor en Canadá

Ley de Modernización de los Derechos de Autor (S.C. 2012, c. 20, Ley que modifica la Ley de Derecho de Autor)

Los derechos de autor se encuentran protegidos en Canadá por La ley de derechos de autor. Bajo esta ley, cualquier trabajo caracterizado como original está protegido no obstante haberse registrado. En el contexto de esta ley, el término "trabajo" significa cualquier pieza de naturaleza literaria, dramática, musical o artística; asimismo, la pieza debe ser original, es decir:

1. Debe ser original de su autor;

2. No debe haber sido copiada; y

3. Debe haber requerido de un esfuerzo intelectual determinado

4. La Ley de derechos de autor protege al autor de un trabajo original contra la copia o la reproducción que se pudiera hacer por el plazo de su vida y hasta cincuenta (50) años con posterioridad a su muerte (Organización Mundial de Propiedad Intelectual).

Ley sobre el Derecho de Autor de Panamá

Ley Número 15 del 8 de agosto de 1994, por la cual se aprueba la Ley sobre el Derecho de Autor y Derechos Conexos y se dictan otras disposiciones.

Artículo 30. Corresponden al autor los siguientes derechos morales:

1. El derecho de divulgación.

2. El derecho de paternidad

3. El derecho de integridad.

4. El derecho de acceso.

5. El derecho de revocar la cesión o de retiro de la obra del comercio.

Artículo 36. El autor goza también del derecho exclusivo de explotar la obra en cualquier forma y beneficiarse de ella, salvo en los casos de excepción previstos expresamente en la presente Ley.

Artículo 42. El derecho patrimonial dura la vida del autor y cincuenta (50) años después del fallecimiento del autor, y se transmite por causa de muerte de acuerdo a las disposiciones del Código Civil (Organización Mundial de Propiedad Intelectual).

Ley sobre el Derecho de Autor de Dinamarca

Ley Refundida sobre el Derecho de Autor - Consolidated Act No. 164 of March 12, 2003

The Act on Copyright, cf. Consolidated Act No. 618 of June 27, 2001, as amended by Act No. 1051 of December 17, 2002, is hereby promulgated.

Capítulo 1- Temática y alcance de los derechos de autor

Obras Protegidas

1. La persona que crea una obra literaria o artística tendrá

por tanto los derechos de autor, sea expresado por escrito o verbalmente como una representación ficticia o una representación descriptiva, o sea un musical u obra dramática, obra cinematográfica o fotográfica, o una obra de arte, arquitectura, arte aplicada o expresada de alguna otra manera.

2. Mapas y dibujos y otras obras de naturaleza descriptiva

ejecutados de forma gráfica o plástica.

3. Obras en la forma de programas de computadoras son considerados obras literarias.

Alcance de la Protección

Dentro de las limitaciones especificadas en este Acta derechos de autor implica el derecho exclusivo de control sobre la obra, el poderlo reproducir y hacerlo disponible al público, sea en su forma original o en una forma enmendada, traducido, o una adaptación en otra forma literaria o artística o en otra técnica. (Organización de las Naciones Unidas para la Educación, la Ciencia y la Cultura)

Ley sobre los Derechos de Autor de Colombia

Según el Régimen Legal de Bogotá D.C.: Ley Numero 23 de 1982 (28 de enero) - Sobre derechos de Autor

La protección que la ley colombiana otorga al Derecho de Autor se realiza sobre todas las formas en que se puede expresar las ideas, no requiere ningún registro y perdura durante toda la vida del autor, más 80 años después de su muerte, después de lo cual pasa a ser de dominio público. El registro de la obra ante la Dirección Nacional del Derecho de Autor sólo tiene como finalidad brindar mayor seguridad a los titulares del derecho (Organización Mundial de Propiedad Intelectual).

Leyes de Puerto Rico sobre derechos de autor, propiedad intelectual y plagio

En Puerto Rico la propiedad intelectual y los derechos de autor están protegidos bajo dos leyes:

Copyright Act of 1976- "Según la título 17: sección 102, la protección cobija obras de autoría fijados en cualquier modo tangible de expresión, conocidos o a desarrollarse, de donde puedan ser percibidos, reproducidos o comunicados de otro modo; ya sea directamente o con la ayuda de un máquina. Estos incluyen: obras literarias, musicales, dramáticos, coreografías, trabajos audiovisuales, grabaciones de voz y obras arquitectónicas. Esta protección da inicio desde el momento en que la obra es fijada en cualquier modo tangible y el creador tiene el derecho de ceder, vender, transferir y traspasar sus derechos a quien este desee. La protección cobijada bajo la ley federal comienza desde el momento en que la obra es plasmada en un medio tangible. El creador de una obra original puede ceder, vender, transferir y/o traspasar sus derechos a otra persona" (Copyright Law of the United States).

Esta ley federal principalmente protege los derechos patrimoniales, o sea económicos de un autor sobre su obra creativa. También estipula el uso razonable ("fair use") de una obra sin la autorización directa del creador de la misma. Define además las condiciones legales bajo las cuales un patrono puede tener derechos económicos sobre la obra de alguno de sus empleados.

Ley de Derechos Morales de Autor de Puerto Rico, Ley Núm. 55 de 2012- "El término "derecho moral" proviene del francés "droit moral" y se refiere a la habilidad de un autor para poder controlar el destino o utilización que se le dé a su trabajo artístico. Se deriva del nexo existente entre el autor y su creación, independiente del valor puramente monetario que ésta pueda tener. Se trata a la obra como una extensión de la personalidad del autor, de manera que no puede disociarse enteramente de aquél, por lo que incluso cuando ha cedido sus derechos patrimoniales sobre la obra, ésta continúa, en cierta medida, bajo su dependencia. Las creaciones intelectuales están vinculadas a los derechos de la personalidad y a los derechos laborales, ambos tocan directamente la dignidad de la persona. El trabajo intelectual puede y debe ser reconocido social y económicamente" (LexJuris.com).

Esta ley cobija la interacción tanto entre los derechos patrimoniales del autor; o sea su derecho de sacar provecho monetario de su obra, así como los derechos morales; bajo las cuales se protege el lazo intelectual entre el autor y su obra creativa.

Que dicen las leyes de derechos de autor, propiedad intelectual y plagio sobre el uso educativo

Los derechos de autor, propiedad intelectual y el plagio en el uso educativo es un asunto ético que envuelve las necesidades de la sociedad, el educador y el educando de tener acceso a la información. En un principio estas leyes estaban enfocadas mayormente en el uso de textos físicos, y obras de arte físicas. Debido a los cambios en los métodos académicos tradicionales; que cada vez más están dirigidos hacia un esfuerzo que envuelve los medios tecnológicos y cibernéticos, los derechos de autor y la propiedad intelectual, así como los parámetros que definen el plagio, han tenido que ser reevaluados y estipulados en leyes. Uno de los asuntos que ha sido motivo de gran debate y reforma es el uso de los recursos en línea como método de enseñanza, y se han tenido que definir las pautas del uso del llamado aprendizaje electrónico.

La sección 107 de la Ley Federal de Derechos de Autor, Título 17, del código legal de Estados Unidos estipula lo siguiente:

"Uno de los derechos que se le otorga al titular de los derechos de autor es tener la potestad de reproducir o autorizar a otros a que reproduzcan su obra en copias o grabaciones sonoras. Este derecho queda sometido a ciertas limitaciones" (Oficina de Derechos del Autor de los Estados Unidos, 2006, p.1).

- "La doctrina de Uso Justo o Razonable, también llamado "Fair

Use," establece cuatro factores a ser considerados para determinar si el uso es justo:

-el propósito de uso (académico, estudio privado, beca o investigación),

— la naturaleza de los derechos de autor de una obra,

— la cantidad o porción usada con relación a la obra en su totalidad, y

— el efecto de su uso sobre el mercado potencial o valor del derecho del autor de la obra,"

(Oficina de Derechos del Autor de los Estados Unidos, 2006, p.1).

"En el caso de la fotocopia para uso personal por maestros y estudiantes la ley no es clara. La reproducción de un artículo o de un capítulo de un libreto probablemente constituya Uso Justo. No obstante, la fotocopia de múltiples ejemplares de un artículo o la fotocopia de libros completos por individuos probablemente no lo sea". (Nieves, 2004, p.21)

Cuando se usa una obra protegida por derechos de autor debe considerarse lo siguiente:

- "No hay palabras, líneas o notas específicas que se puedan extraer de una obra sin peligro y sin permiso.

- Hacer mención a la fuente de la cual se obtuvo el material no reemplaza la obligación de haber obtenido la autorización para su uso.

- La manera más segura será siempre obtener la autorización del dueño del derecho de autorantes de usar una obra." (Oficina de Derechos del Autor de los Estados Unidos, 2006, p.1)

Uno de los límites más clásicos y tradicionales de los derechos de autor es el denominado **"ilustración para la enseñanza"**. Aparece recogido en el **Convenio de Berna, en concreto en su artículo 10.2, que establece que:**

Los Estados Unidos de América se convirtieron en afiliados a Berne en 1988. Los grandes cambios que surgieron como resultado lo fueron: mayores protecciones para propietarios, nuevas relaciones de derechos de autor con veinticuatro países, y la eliminación del requerimiento de notificación de registro para la protección bajo derechos de autor (Derechos de autor en plataformas e-learning). Una de las especificaciones es concerniente a la educación.

- "Se reserva a las legislaciones de los países de la Unión y de los Arreglos particulares existentes o que se establezcan entre ellos lo que concierne a la facultad de utilizar lícitamente, en la medida justificada por el fin perseguido, las obras literarias o artísticas a título de ilustración de la enseñanza por medio de publicaciones, emisiones de radio o grabaciones sonoras o visuales, con tal de que esa utilización sea conforme a los usos honrados"(Derechos de autor en plataformas e-learning).

The Technology, Education and Copyright Harmonization Act of 2002

TEACH por sus siglas en inglés (The Technology, Education and Copyright Harmonization Act of 2002) le permite a los estudiantes y maestros de una institución educativa acreditada y sin fines de lucros utilizar los trabajos con derechos de autor para la instrucción mediada por la tecnología si se cumplen ciertas condiciones adicionales (Medina, 2013).

Conclusión

Los autores de obras literarias o artísticas son los mayores constructores de cultura, cuya creatividad deja plasmado legados a futuras generaciones. Sus obras nos dan entendimiento y sensibilidad a quienes fuimos, quienes somos y hacia donde nos dirigimos como humanidad. Los distintos países del mundo han visto la necesidad imperiosa de defender la integridad artística y creativa de dichos artistas y escritores creando leyes que cobijan los derechos de estos sobre sus obras. La propiedad intelectual protege los derechos patrimoniales del autor de una obra, o sea protege sus derechos a explotar su obra monetariamente. Los derechos de autor son protegidos bajo las leyes de propiedad intelectual. En Puerto Rico específicamente los derechos de autor cobijan la interacción entre los derechos patrimoniales del autor, los derechos económicos del autor sobre su obra y los derechos morales del autor, los cuales protegen la integridad intelectual y creativa del autor; en específico el vínculo entre este y su obra; lo cual va más allá de los beneficios monetarios de este sobre el mismo.

El plagio se puede definir como la violación de los derechos de autor, tanto patrimoniales y morales y una violación de la propiedad intelectual que cobija dichos derechos de autor. Es cualquier uso no autorizado de una obra o parte de esta en donde la persona reclama autoría creativa, usurpando los derechos del autor genuino. El plagio es un acto deshonesto y deshonroso y en muchos países es castigado por ley. Es un fraude de ideas y palabras en donde la persona presenta una obra ya sea escrita o artística como si fuera suya sin serlo. A través de la historia ha habido muchos casos famosos de plagio, tales como el caso de *Donaldson v. Becket* (1774) y el caso de *Wheaton v. Peters* (1884), los cuales sentaron las bases para las especificaciones de las actuales leyes de propiedad intelectual, derechos de autor y la definición moderna de plagio. Internacionalmente los países han definido los parámetros que especifican los derechos de autor, plagio y propiedad. Actualmente existen organizaciones internacionales que unifican los países en la lucha contra el plagio tales como la *Convención de Berne*, que ha desarrollado normas internacionales para la protección de la propiedad intelectual y derechos de autor.

La *Organización Mundial de la Propiedad Intelectual* (*W.I.P.O.*), se encarga de crear un balance entre las necesidades educativas y los derechos de autor. Es muy importante señalar que bajo la *Ley Federal de Derechos de Autor de Estados Unidos* (*Copyright Act of 1776*), bajo el título 107 de *Uso Justo* están protegidos los usos de trabajos registrados para fines educativos. El *Uso Justo* para fines educativos debe ser con respeto a los derechos del autor sobre su obra, no pueden afectar la distribución o factores económicos de la obra y tiene que tomarse en consideración la cantidad de la obra que se va a utilizar con respecto a la totalidad de la obra. El *Uso Justo* no da permiso para la utilización desmedida de obras registradas y especifica que el uso de citas no sustituye la necesidad de pedir el permiso pertinente al autor de una obra que ha de utilizarse. En fin se puede decir que los derechos de autor se han vuelto una necesidad en esta época moderna en el cual hay acceso ilimitado a la información, esto por la globalización y por los avances tecnológicos en las redes cibernéticas.

Es importante tener amplio conocimiento acerca de las leyes de propiedad intelectual y de derechos de autor, en adición a conocer a cabalidad lo que es el plagio y qué medidas se deben tomar para evitar incurrir en tal ato de fraude intelectual. Definitivamente que en la educación es necesario tener acceso a las obras literarias y de arte para ampliar el conocimiento y para ser utilizadas como referencia. Esto sin perder de vista que debemos desarrollar en la generación actual y en las futuras generaciones el respeto merecido a las mentes privilegiadas que nos han aportado obras que nos ayudan a crecer como profesionales y como sociedad. Toda mente creativa merece que sus derechos les sean respetados, primeramente sus derechos morales, por el aporte intelectual y segundo sus derechos patrimoniales porque todo trabajo tiene valor tanto moral como monetario. El plagio es una muestra de falta de carácter, las obras que tenemos a nuestro alcance son un regalo cultural y las personas quienes dedicaron su tiempo y esfuerzo intelectual a crearlos merecen nuestro respecto. Las mentes privilegiadas y creativas merecen todo el derecho y la protección que les confiere la ley; ya sea por medio de las leyes de su país o los tratados internacionales que defienden los derechos de autor.

Referencias

Derechos de Autor. *OMPI*. Recuperado el 10 de noviembre de 2013 de http://www.wipo.int/aboutip/es/copyright.html

Bondia (1988). *Derechos de Autor. Derechos de Autor en plataformas e-learning.* Recuperado el 10 de noviembre de 2013 en http://www.ugr.es/~derechosdeautor/derechos_autor.html

Martinez, J.A. (1999). *El Registro de la Propiedad Intelectual.* Recuperado el 10 de noviembre de 2013 en http://es.tldp.org/COMO-

INSFLUG/COMOs/Propiedad-Intelectual-Como/

Propiedad Intelectual (2008).*Universidad de Guadalajara*. Recuperado el 10 de noviembre de 2013 en

http://www.propiedadintelectual.udg.mx/contenido.php?Id=27

Girón, S. (2008). *Anotaciones sobre el Plagio*, 6-7. Recuperado el 10 de noviembre de 2013, de http://www.usergioarboleda.edu.co/libro%20plagio.pdf

Balbuena, P. (2003). *El plagio como ilícito legal*. Revista Ventana Legal (en línea)

Recuperado el 10 de noviembre de 2013, de

http://www.ventanalegal.com/revista_ventanalegal/plagio_ilicito.htm

Imran, N. (2010). *Electronic Media, Creativity and Plagiarism*. SIGCAS Computers and Society, 40(4), 28-32. Recuperado el 10 de noviembre de 2013 en

http://revistaebci.ucr.ac.cr/volumenes/2/2-1/2-1-2/2-1-2.html

Patterson, L.R. & and. Lindberg S. (1991). *The Nature of Copyright: A Law of Users' Rights.Athens*: University of Georgia Press.

Donaldson v. Becket, London (1774), *Primary Sources on Copyright (1450-1900)*, eds L. Bently& M. Kretschmer, www.copyrighthistory.orgThreatens Creativity. New York: New York University Press, 2001.

Rose, M. (1993).*Authors and Owners: The Invention of Copyright.* Cambridge, Mass.: Harvard University Press.

Samuels, E. (2000).*The Illustrated Story of Copyright.*New York: St. Martin's Press.

Lehman, B.A. (1997). *THE CONFERENCE ON FAIR USE.* Recuperado el 10 de noviembre de 2013 en

http://www.uspto.gov/web/offices/dcom/olia/confu/confurep.pdf

International Copyright Laws. *UNESCO.* Recuperado el 10 de noviembre de 2013 de<u>http://www.unesco.org/new/es/culture/the mes/creativity/creative-industries/copyright/</u>

Copyright Law of the United States. *Complete version of the U.S. Copyright Law, December 2011.* Recuperado el 10 de noviembre de 2013 en <u>http://www.copyright.gov/title17/</u>

LEY NUM. 55 DE 9 DE MARZO DE 2012. Recuperado el 10 de noviembre de 2013 en <u>http://www.lexjuris.com/lexlex/Leyes2012/lex 12012055.htm</u>

Derechos del autor. Oficina de Derechos del Autor de los Estados Unidos Fundamentos de los Derechos de Autor, 1. Recuperado el 10 de noviembre de 2013 en http://www.copyright.gov/espanol/circ01-espanol.pdf

Nieves, R. L. (1998). *La Ley Federal de Derecho de Autor y la Protección de la Propiedad Intelectual* (2a ed.) [Manual]. San Juan, PR: Autor. Posibles soluciones a los conflictos entre e-learning y los derechos de autor. Derechos de Autor en plataformas e-learning. Recuperado el 10 de noviembre de 2013 en http://www.ugr.es/~derechosdeautor/soluciones.html

Medina, Ana I. (2013*). Leyes de derechos de autor, educación a distancia y bibliotecas académicas de instituciones privadas con fines lucrativos*. Recuperado el 10 de noviembre de 2013 en http://www.infotecarios.com/node/262

Esta monografía es el producto de una investigación realizada para EDPE 3129 como requisito parcial del curso en la Universidad de Puerto Rico, Recinto Universitario de Mayagüez, Programa de Preparación de Maestros de Escuela Secundaria.

Libros de interés general que puedes conseguir en las tiendas de Amazon

En Amazon.com y en Amazon.es puedes conseguir libros impresos y libros para Kindle, Tablet, IPads, iPhones o teléfonos con Android.

EL RESURGIR DE LA ESVÁSTICA - DINO ALREICH

Christopher Borazzo, un antropólogo y profesor, tiene una enigmática y misteriosa revelación, en la cual ve el levantamiento mundial de una nueva dictadura nazi. Se ve envuelto en una pesadilla donde es testigo de las maniobras de las sociedades secretas, cultos religiosos y líderes mundiales para someter la política internacional, la economía, las religiones....

Esta novela surge de la investigación moderna en torno a los neonazis, profecías bíblicas, teorías de conspiraciones y del acontecer noticioso pasado y contemporáneo. El libro trata de unir los cabos sueltos que componen la historia a la vez que busca descifrar el significado apocalíptico y la posibilidad de que dichos libros sagrados los hubieran escrito para advertirnos a todos de lo que sucederá el día de mañana en todas las naciones.

¿Qué misterio se oculta en las antiguas profecías de los libros sagrados de Daniel y Revelación?

Durante siglos, el significado de las antiguas profecías se había mantenido en secreto para el mundo... hasta ahora.

CONSPIRACIÓN WATCHTOWER - DINO ALREICH

Este es un libro inquietante que nos muestra el lado oscuro de una secta que va casa por casa en diferentes partes del mundo cazando almas de hombres. Se presenta un estudio profundo de las doctrinas y falacias que ha construido una colosal secta llena de engaños y enredaderas.

Toda una compleja maquinaria económica dispuesta a servir como caballo de Troya contra el cristianismo. Conspiración, mentiras, tergiversación del mensaje cristiano, sectas falsas en la sociedad, todo es parte de un esquema oscuro elaborado por los urdidores "illuminatis" del Nuevo Orden secular. Este libro se presenta como un alerta contra las falsas sectas.

COSAS QUE EL ABUELO HACÍA EN SECRETO PARA MEJORAR SU SALUD - DINO ALREICH

Este es la clase de libros que tiene el poder de hacer cambios positivos en los lectores. Está lleno de secretos tanto para la salud, así como para el alma. Un libro que no solo leerás, sino que compartirás con los amigos a quienes amas. Nunca nadie conoció los secretos del abuelo, hasta ahora... Nos revela los secretos para una longeva vida, paz interior, armonía con los semejantes, y nos brinda 'tips' para lograr la salud que todos buscamos. El abuelo y sus consejos te guiarán por un camino de bienestar que nunca imaginaste, el poder para cambiar tu vida.

EDIFICANDO MI CASA SOBRE LA ROCA –DINO ALREICH

'Edificando mi casa sobre la roca: Defendiendo nuestra generación de los golpes de espada enemiga' es un libro cristocéntrico que tiene como meta afirmar los fundamentos de fe judeocristianos que nos han sido legados.

Es una respuesta y afirmación de fe en respuesta a los vientos de oposición modernos que vienen a amenazar los valores, la ética, la moral y las sanas prácticas espirituales. Este libro nos invita a volver a los fundamentos cristianos y avivar nuestra fe en estos tiempos turbulentos. El libro nos hace un reto a ser gente separada para Dios por medio de una lectura llena de enseñanzas.

POR AMOR AL LLAMADO –DINO ALREICH

¿Cuál precio estás dispuesto a pagar por aquel que lo dio todo por ti en la cruz del Calvario? ¿Cuál es el costo de la fe para todo aquel que quiere ganar el cielo? ¿Qué ejemplo tenemos en la Sagrada Biblia de cristianos como usted y yo que lo dieron todo por Cristo y cuál fue su fuerza y fortaleza? ¿Qué Dios demanda de aquellos que le llaman Señor?

Este libro nos invita a un viaje muy interesante en el tiempo de la iglesia primitiva y nos muestra de forma elegante e impactante el encuentro y experiencia de los primeros cristianos con la persona sobrenatural del Espíritu Santo y como esto causó una revolución espiritual que ha perdurado por más de dos mil años. Se presentan evidencias de que el mismo poder está disponible hoy para todos aquellos que tienen fe en Dios. Una experiencia que cambiará por completo tu vida.

DESPUÉS DE DESHECHA MI PIEL (LÁGRIMAS DE UNA GUERRA ESPIRITUAL)

Lágrimas de una guerra espiritual / ¿Sientes que tu vida se encuentra sumergida en el pozo de la desesperación? ¿Piensas que los problemas de la vida son como un torbellino que vienen a derribar todo alrededor? Cuestionas constantemente a Dios sobre su presencia frente a las angustias y pruebas que se nos presentan en la vida. Esta es la historia de un hombre que en su carne pasó por el mismo infierno pero sin quemarse uno solo de sus cabellos. Esta historia verídica te brindará herramientas y fortaleza para ayudarte a cruzar a la otra orilla. Este libro está dedicado a toda persona que sufre por alguna razón. A aquella persona que se acaba de enterar que padece alguna enfermedad angustiosa y crónica. A aquellos padres y madres que sufren por sus hijos. A aquellos hijos que sufren por la ausencia de sus padres. A aquella mujer sola y desconsolada por la partida de su esposo o familiares. A aquel hombre abandonado junto con sus hijos. A aquel hombre de negocio que lo ha perdido todo y al parecer se quiebran sus sueños. A aquellos que buscando refugio en Dios han caído en las redes de inescrupulosos mercaderes de templos. A aquellos que viven en el triste exilio y no tienen amistades. A aquellos que padecen hambre y no encuentran amigos. A aquellos que piensan que no hay nada bueno reservado para ellos en esta tierra y piensan en partir y reducir sus días. A aquellos cristianos que por su fidelidad a Dios han sido perseguidos y afligidos por angustiadores. A aquellos jóvenes que han sido violados y disturbados en lo más profundo. A aquellos que derraman lágrimas en lo secreto. A aquel hombre o mujer que mora solitario sin ver una mano amiga. A aquellos que sienten que le faltan fuerzas para superar las dificultades de la vida. Recibe fuerzas, aliento y fe por medio de esta inspiradora lectura.

LLUVIA DE AMOR PARA EL ALMA SEDIENTA –DINO ALREICH

La única manera en la que el hombre podrá alcanzar todas sus metas sociales y espirituales es si descubre el secreto del amor de Dios y permite que sea expresado hacia sus semejantes. Este es un libro práctico que nos abre el corazón de Dios a la luz de la Sagrada Biblia en un estudio profundo y minucioso. De la misma forma expone el corazón humano bajo la lupa del Creador. Este libro es una herramienta cuyo propósito es transformar vidas por medio de la Palabra de Dios. El lector descubrirá los secretos de amar y el significado de una vida en libertad. Un libro para esta generación y para la venidera.

EL ÁNGEL, LA LUNA Y LA PALOMA – DINO ALREICH

La más hermosa historia de amor jamás contada. Un amor que excede toda razón y pensamiento. Una odisea sin igual de una reina en búsqueda de su amado. De cómo venció todos los peligros del camino hasta llegar a él. Un camino que estuvo lleno de aventuras, milagros y secretos que hacen de esta historia una única y especial. Ella estuvo dispuesta a enfrentar a todos los enemigos del malvado rey León con tal de alcanzar a aquel a quien amaba su alma. Dios mismo simbolizado en el rey, y el lector siendo parte de la amada. Una historia que transmite el amor de Dios en cada página. Una historia trepidante que no te dejará indiferente. Basado en el Cantar de los Cantares del rey Salomón. Esta es la historia más sublime contada por un padre a sus hijos.

MAYAS: EL CICLO DESCONOCIDO – DINO ALREICH

El libro explora de forma elegante el mundo arqueológico maya y nos adentra en el suspenso de las profecías apocalípticas. Basado en hechos reales y en una extensa documentación el autor recrea en la ficción la hipótesis de las predicciones mayas como eje de cambios planetarios venideros. Dos protagonistas desgranarán los misterios proféticos mayas: el Doctor Eugene Smith, un prestigioso arqueólogo y el fotógrafo Jacob Burke. Ambos coincidirán en un viaje desde Estados Unidos hacia México con el fin de explorar el mundo maya. Juntos encontrarán en Chiapas el Templo de las Inscripciones, el sarcófago del Gran Pakal e iniciarán un periplo insospechado pero revelador sobre tiempos futuros.

NAZIS: MÁS ALLÁ DEL 2012 –DINO ALREICH

Los periodistas Daniel Godwin y Eli Salem reciben una enigmática llamada de Alexander Deike, un ex soldado de la Schutz-Staffel (SS) de Hitler. El misterioso anciano asegura tener un mensaje que el mundo debe conocer. Antes de desaparecer de forma misteriosa, Alexander

Deike hace unas declaraciones donde revela los secretos más guardados de la potencia fascista cuya marioneta fueron los nazis. Alexander Deike identifica a las fuerzas y grupos de poder que actúan en la sombra manipulando a la sociedad y gobernando al mundo y cuyas raíces se pierden en el antiguo Egipto y en Babilonia. Estas revelaciones nos pone en alerta sobre lo que pudiera llegar a ser un nuevo holocausto. ¿Ficción o realidad? ¿Qué posible mensaje se encuentra codificado entre las páginas de este libro?

EL MISTERIO DEL REINO DE LOS CIELOS REVELADO (LAS PARÁBOLAS DE JESÚS EXPLICADAS) – TOMO I

En este primer tomo, el autor aborda con maestría y profundidad temas teológicos o espirituales de las enseñanzas centrales y básicas de Jesucristo acerca del misterio del reino de los cielos. En este libro se nos presenta un cuadro práctico y ameno sobre los siguientes temas: *La parábola de los dos cimientos, La parábola del sembrador, La parábola del trigo y la cizaña, La parábola de la semilla de mostaza, La parábola del la levadura, La parábola del tesoro escondido, La parábola de la perla de gran precio, La parábola de la red, La parábola de los tesoros nuevos y viejos, La parábola de la oveja perdida, La parábola de los dos deudores, La parábola de los obreros de la viña, La parábola de los dos hijos...* Este libro es el primero de una serie de estudios llenos de enseñanzas edificantes.

YO VI A DIOS ESCRIBIR EN EL CIELO UN ENIGMA SOBRE APOCALIPSIS

¿Existe la posibilidad de poder predecir con certeza y precisión lo que acontecerá el día de mañana? Este libro no solo lo confirma, sino que ilustra de forma minuciosa eventos trascendentales que han de tener lugar en el mundo en los tiempos que se aproximan. Cataclismos, terremotos, genocidio, fenómenos climatológicos, guerras, conspiraciones, reducción poblacional y hambre en toda la tierra; son solo algunos de los elementos que acompañan esta visión. Todo es parte de un panorama apocalíptico que fue revelado a un hombre hace más de dos mil años atrás. ¿Qué significado e implicaciones de impacto para nuestras vidas tiene el simbolismo apocalíptico de: los cuatro jinetes, las siete trompetas, las siete copas, los siete sellos, los diferentes ayes, y la intervención de los ángeles del juicio sobre el planeta tierra? ¿Estás preparado para afrontar el Apocalipsis? Este libro nos permite ponernos a prueba y descifrar cuan preparados o desprevenidos podemos estar en la hora más crucial del planeta tierra. Sin duda alguna, este libro es una herramienta para prepararnos para el tiempo que ya es inminente.

Para novedades, visita:

http://tumundodelibros.blogspot.com

www.ingramcontent.com/pod-product-compliance
Lightning Source LLC
Chambersburg PA
CBHW051721170526
45167CB00002B/752